I0845760

Divini Redemptoris

Encíclica contra el comunismo ateo

Papa PÍO XI

Divini Redemptoris

Encíclica contra el comunismo ateo

San Lino Libros

1.ª edición: julio de 2023

©  San Lino Libros

Traducción: R. F. Benet

ISBN: 979–8399–968–64–3
Impreso en la Unión Europea

Impresión, venta y distribución: Amazon Media EU S.à r.l.

Pius PP. XI

A los venerables hermanos Patriarcas, Primados, Arzobispos, Obispos y otros Ordinarios que están en paz y comunión con la Sede Apostólica.

Papa Pío XI

Salud y Bendición Apostólica.

INTRODUCCIÓN

1. La promesa de un Redentor ilumina la primera página de la historia de la humanidad; por eso la segura esperanza de tiempos mejores alivió el pesar del paraíso perdido [1] y acompañó al género humano en su atribulado camino, hasta que, cuando vino la plenitud de los tiempos [2], el Salvador del mundo, viniendo a la tierra, colmó la expectación e inauguró una nueva civilización universal, la civilización cristiana, inmensamente superior a la que hasta entonces trabajosamente había alcanzado el hombre en algunos pueblos más privilegiados.

2. Pero, como triste herencia del pecado original, quedó en el mundo la lucha entre el bien y el mal; y el antiguo tentador nunca ha desistido de engañar a la humanidad con falaces promesas. Por eso en el curso de los siglos se han ido sucediendo unas a otras las convulsiones hasta llegar a la revolución de nuestros días, desencadenada ya, o que amenaza, puede decirse, en todas partes y que

supera en amplitud y violencia a cuanto hubo de sufrirse en las precedentes persecuciones contra la Iglesia. Pueblos enteros están en peligro de caer de nuevo en una barbarie peor que aquella en que aun yacía la mayor parte del mundo al aparecer el Redentor.

3. Este peligro tan amenazador, ya lo habéis comprendido, Venerables Hermanos, es el comunismo bolchevique y ateo, que tiende a derrumbar el orden social y a socavar los fundamentos mismos de la civilización cristiana.

I. ACTITUD DE LA IGLESIA

Condenaciones anteriores

4. Frente a esta amenaza, la Iglesia católica no podía callar y no calló. No calló, sobre todo, esta Sede Apostólica, que sabe cómo su misión especialísima es la defensa de la verdad y de la justicia y de todos aquellos bienes eternos que el comunismo ateo desconoce y combate. Desde los tiempos en que algunos grupos intelectuales pretendieron liberar la civilización humana de las cadenas de la moral y de la religión, Nuestros Predecesores llamaron, abierta y explícitamente, la atención del mundo sobre las consecuencias de la descristianización de la sociedad humana. Y por lo que hace al comunismo, ya desde el 1846 Nuestro venerado Predecesor Pío IX, de santa memoria, pronunció una solemne condenación, confirmada después en el *Syllabus*, contra «la nefanda doctrina del llamado comunismo, tan contraria al mismo derecho natural, la cual, una vez admitida, llevaría a la radical subversión

de los derechos, bienes y propiedades de todos y aun de la misma sociedad humana» [3]. Más tarde, otro Predecesor Nuestros, de ilustre memoria, León XIII, en la encíclica *Quod Apostólici múneris*, lo definía «mortal pestilencia que serpentea por las más íntimas entrañas de la sociedad humana y conduce al peligro extremo de la ruina» [4]; y con clarividencia indicaba que el ateísmo de las masas populares en la época del tecnicismo, traía su origen de aquella filosofía, que de siglos atrás se afanaba por lograr que la ciencia y la vida se separasen de la fe y de la Iglesia.

Actos del presente Pontificado

5. También Nos, durante Nuestro Pontificado, hemos denunciado a menudo y con apremiante insistencia las corrientes ateas que crecían amenazadoras. Cuando, en 1924, Nuestra misión de socorro volvía de la Unión Soviética, condenamos Nos los errores y métodos de los comunistas, en una Alocución especial, dirigida al mundo entero [5]. Y en Nuestras encíclicas

Miserentíssimus Redémptor [6], *Quadra gésimo anno* [7], *Caritate Christi* [8], *Ac érba ánimi* [9], *Dilectíssima Nobis* [10], elevamos solemne protesta contra las persecuciones desencadenadas en Rusia, Méjico y España; y no se ha apagado aún el eco universal de aquellas alocuciones, que pronunciamos el año pasado con motivo de la inauguración de la Exposición mundial de la Prensa católica (12 de Mayo de 1936), de la audiencia a los prófugos españoles (14 de Septiembre de 1936) y del Mensaje de Navidad. Hasta los más encarnizados enemigos de la Iglesia, que desde Moscú dirigen esta lucha contra la civilización cristiana, atestiguan con sus ininterrumpidos ataques de palabra y obra que el Papado, también en nuestros días, continúa fielmente tutelando el santuario de la religión cristiana, y que ha llamado la atención sobre el peligro comunista con más frecuencia y de modo más persuasivo que cualquier otra autoridad pública terrenal.

Necesidad de otro documento solemne

6. Pero, a pesar de estas repetidas advertencias paternas, que vosotros, Venerables Hermanos, con gran satisfacción Nuestra, habéis tan fielmente transmitido y comentado a los fieles en tantas recientes pastorales, algunas de ellas colectivas, el peligro se va agravando cada día más bajo el impulso de hábiles agitadores. Por eso Nos nos creemos en el deber de elevar de nuevo Nuestra voz con un documento aún más solemne, como es costumbre de esta Sede Apostólica, Maestra de la verdad, y como lo pide el hecho de que todo el mundo católico desea ya un documento de esta clase. Y confiamos que el eco de Nuestra voz llegará a dondequiera que haya mentes libres de prejuicios y corazones sinceramente deseosos del bien de la humanidad; tanto más, cuanto que Nuestras palabras se hallan hoy confirmadas dolorosamente por el espectáculo de los amargos frutos producidos por las ideas subversivas; frutos que habíamos previsto y anunciado, y que espantosamente se

multiplican de hecho en los países dominados ya por el mal, o se ciernen amenazadores sobre todos los demás países del mundo.

7. Una vez más, por lo tanto, queremos Nos exponer en breve síntesis los principios del comunismo ateo, tal como se manifiestan principalmente en el bolchevismo, y mostrar sus métodos de acción; contraponemos a esos falsos principios la luminosa doctrina de la Iglesia e inculcamos de nuevo, con insistencia, los medios con los que la civilización cristiana, la única Civitas verdaderamente humana, puede librarse de este satánico azote y desarrollarse mejor para el verdadero bienestar de la sociedad humana.

II. DOCTRINA Y FRUTOS DEL COMUNISMO

DOCTRINA

Falso ideal

8. El comunismo de hoy, de modo más acentuado que otros movimientos similares del pasado, contiene en sí una idea de falsa redención. Un seudoideal de justicia, de igualdad y de fraternidad en el trabajo, impregna toda su doctrina y toda su actividad con cierto falso misticismo que comunica a las masas, halagadas por falaces promesas, un ímpetu y entusiasmo contagiosos, especialmente en tiempos como los nuestros, en los que a la defectuosa distribución de los bienes de este mundo ha seguido una miseria, que no es la normal. Más aún, se hace gala de este seudoideal, como si él hubiera sido el iniciador de cierto progreso económico, el cual, cuando es real, se explica por otras causas muy distintas: como son la intensificación de la producción industrial en países que casi carecían de

ella, la explotación de enormes riquezas naturales, y el uso de métodos inhumanos para efectuar grandes trabajos a poca costa.

Materialismo evolucionista de Marx

9. La doctrina, que el comunismo oculta bajo apariencias a veces tan seductoras, se funda hoy esencialmente en los principios del materialismo, llamado dialéctico e histórico, ya proclamados por Marx, y cuya única genuina interpretación pretenden poseer los teorizantes del bolchevismo. Esta doctrina enseña que no existe más que una sola realidad, la materia, con sus fuerzas ciegas: la planta, el animal, el hombre son el resultado de su evolución. La misma sociedad humana no es sino una apariencia y una forma de la materia, que evoluciona del modo dicho, y que por ineludible necesidad tiende, en un perpetuo conflicto de fuerzas, hacia la síntesis final: una sociedad sin clases. En semejante doctrina es evidente que no queda ya lugar para la idea de Dios: no existe diferencia entre el espíritu y la

materia, ni entre el cuerpo y el alma; ni sobrevive el alma a la muerte, ni por consiguiente puede haber esperanza alguna de otra vida. Insistiendo en el aspecto dialéctico de su materialismo, los comunistas sostienen que los hombres pueden acelerar el conflicto que ha de conducir al mundo hacia la síntesis final. De ahí sus esfuerzos para hacer más agudos los antagonismos que surgen entre las diversas clases de la sociedad; la lucha de clases, con sus odios y destrucciones, toma el aspecto de una cruzada por el progreso de la humanidad. En cambio, todas las fuerzas, sean las que fueren, que se oponen a esas violencias sistemáticas, deben ser aniquiladas como enemigas del género humano.

A qué se reducen el hombre y la familia

10. El comunismo, además, despoja al hombre de su libertad, principio espiritual de su conducta moral, quita toda dignidad a la persona humana y todo freno moral contra el asalto de los estímulos ciegos. No reconoce al

individuo, frente a la colectividad, ningún derecho natural de la personalidad humana, porque ésta, en la teoría comunista, es sólo una simple rueda engranada en el sistema. En las relaciones de los hombres entre sí, sostiene el principio de la absoluta igualdad, rechazando toda jerarquía y autoridad establecida por Dios, incluso la de los padres; todo eso que los hombres llaman autoridad y subordinación se deriva de la colectividad como de su primera y única fuente. Ni concede a los individuos derecho alguno de propiedad sobre los bienes naturales y sobre los medios de producción, porque, al ser éstos una fuente de otros bienes, su posesión conduciría al predominio de un hombre sobre los demás. Por eso precisamente, por ser la fuente originaria de toda esclavitud económica, deberá ser destruida radicalmente tal forma de propiedad privada.

11. Naturalmente, esta doctrina, al negar a la vida humana todo carácter sagrado y espiritual, hace del matrimonio y de la familia una institución puramente

convencional y civil, o sea, el fruto de un determinado sistema económico; niega la existencia de un vínculo matrimonial de naturaleza jurídico-moral que esté por encima del arbitrio de los individuos y de la colectividad, y por consiguiente, niega también su indisolubilidad. En particular, no existe para el comunismo nada que ligue a la mujer con la familia y la casa. Al proclamar el principio de la emancipación de la mujer, la separa de la vida doméstica y del cuidado de los hijos para arrastrarla a la vida pública y a la producción colectiva en la misma medida que al hombre; se dejará a la colectividad el cuidado del hogar y de la prole [11]. Niega, finalmente, a los padres el derecho a la educación, porque éste es considerado como un derecho exclusivo de la comunidad, y sólo en su nombre y por mandato suyo lo pueden ejercer los padres.

Lo que sería la sociedad

12. ¿Qué sería, pues, la sociedad humana basada sobre tales fundamentos materialistas? Sería una colectividad sin

más jerarquía que la del sistema económico. Tendría como única misión la de producir bienes por medio del trabajo colectivo, y como único fin el goce de los bienes de la tierra en un paraíso en el que «cada cual daría según sus fuerzas y recibiría según sus necesidades». El comunismo reconoce a la colectividad el derecho, o más bien, el arbitrio ilimitado de obligar a los individuos al trabajo colectivo, sin atender a su bienestar particular, aun contra su voluntad y hasta con la violencia. En esa sociedad, tanto la moral como el orden jurídico ya no serían sino una emanación del sistema económico de cada momento; es decir, de origen terreno, mudable y caduco. En una palabra: se pretende introducir una nueva época y una nueva civilización, fruto exclusivo de una evolución ciega: «una humanidad sin Dios».

13. Cuando ya todos hayan adquirido las cualidades colectivas, y en aquella utópica sociedad no haya diferencia alguna de clases, el Estado político, que ahora se concibe sólo como instrumento

de la dominación de los capitalistas para esclavizar a los proletarios, perderá toda su razón de ser y "se disolverá"; pero hasta que no se realice aquella feliz condición, el Estado y el poder estatal es para el comunismo el medio más eficaz y universal de conseguir su fin.

14. Venerables Hermanos: ¡tal es el nuevo evangelio, que el comunismo bolchevique y ateo pretende anunciar a la humanidad como un mensaje de salvación y de redención! Sistema lleno de errores y sofismas; opuesto a la razón y a la revelación divina; subversivo del orden social, porque destruye sus bases fundamentales; desconocedor del verdadero origen, naturaleza y fin del Estado; negador de los derechos de la personalidad humana, de su dignidad y libertad.

DIFUSIÓN

Deslumbradoras promesas

15. Pero ¿cómo un tal sistema, anticuado ya hace mucho tiempo en el terreno científico, desmentido por la realidad de los hechos, cómo -decimos- semejante sistema ha podido difundirse tan rápidamente en todas las partes del mundo? La explicación está en el hecho de que son muy pocos los que han podido penetrar en la verdadera naturaleza del comunismo; los más, en cambio, ceden a la tentación, hábilmente presentada bajo promesas las más deslumbradoras. Con el pretexto de no querer sino la mejora de la suerte de las clases trabajadoras, de suprimir los abusos reales causados por la economía liberal y de obtener de los bienes terrenos una más justa distribución (fines sin duda, del todo legítimos), y, aprovechándose de la crisis económica mundial, ha conseguido lograr que su influencia penetre aun en aquellos grupos sociales que, por principio, rechazan todo materialismo y todo terrorismo. Y como todo error

contiene siempre una parte de verdad, este aspecto de verdad -al que hemos hecho alusión-, es puesto astutamente de relieve, según los tiempos y lugares para cubrir, cuando conviene, la brutalidad repugnante e inhumana de los principios y métodos del comunismo; así logra seducir aun a espíritus no vulgares hasta convertirlos en apóstoles junto a las jóvenes inteligencias poco preparadas aun para advertir sus errores intrínsecos. Los corifeos del comunismo saben también aprovechar los antagonismos de raza, las divisiones y oposiciones de los diversos sistemas políticos y hasta la desorientación reinante en el campo de la ciencia sin Dios, para infiltrarse en las Universidades y corroborar con argumentos seudocientíficos los principios de su doctrina.

El liberalismo ha preparado el camino del comunismo

16.   Y para comprender cómo el comunismo ha conseguido que las masas obreras lo hayan aceptado sin discusión, conviene recordar que los trabajadores estaban ya preparados por el abandono religioso y moral en el que los había dejado la economía liberal. Con los turnos de trabajo, incluso el domingo, no se les daba tiempo ni aun para cumplir sus más graves deberes religiosos de los días festivos; no se pensaba en construir iglesias junto a las fábricas, ni en facilitar el trabajo del sacerdote; al contrario, se continuaba promoviendo positivamente el laicismo. Ya se recogen los frutos de errores tantas veces denunciados por Nuestros Predecesores y por Nos mismo; no cabe maravillarse de que en un mundo, hace ya tiempo tan intensamente descristianizado, se propague, inundándolo todo, el error comunista.

Amplia y astuta propaganda del comunismo

17. Además, esta difusión tan rápida de las ideas comunistas, que se infiltran en todos los países, grandes y pequeños, civilizados o retrasados, de modo que ningún rincón de la tierra se ve libre de ellas, se explica por una propaganda verdaderamente diabólica, tal como jamás conoció el mundo: propaganda dirigida desde un solo centro y hábilmente adaptada a las condiciones de los diversos pueblos; propaganda que dispone de grandes medios económicos, de organizaciones gigantescas, de congresos internacionales, de innumerables fuerzas bien adiestradas; propaganda que se hace en folletos y revistas, en el cinematógrafo y en el teatro, en la radio, en las escuelas y hasta en las Universidades, y que penetra poco a poco en todas las clases sociales, aun en las más sanas, sin que se aperciban casi del veneno que insensiblemente va infiltrándose cada vez más en todos los espíritus y en los corazones todos.

Conspiración del silencio en la prensa

18. Un tercer y muy poderoso factor contribuye a la intensa difusión del comunismo: esa verdadera conspiración del silencio en la mayor parte de la Prensa mundial no católica. Decimos conspiración, porque no se puede explicar de otro modo que una Prensa tan ávida de poner de relieve aun los más menudos incidentes cotidianos, haya podido pasar en silencio, tanto tiempo, los horrores cometidos en Rusia, en Méjico y también en gran parte de España, y hable relativamente tan poco de organización mundial tan vasta como el comunismo moscovita. Silencio debido en parte a razones de una política poco previsora; silencio, apoyado por diversas organizaciones secretas que hace tiempo tratan de destruir el orden social cristiano.

EFECTOS DOLOROSOS

Rusia y Méjico

19. Mientras tanto, ante nuestros ojos tenemos las dolorosas consecuencias de esa propaganda. Allí donde el comunismo ha logrado afirmarse y dominar -Nuestro pensamiento va ahora con singular afecto paternal a los pueblos de Rusia y Méjico-, se ha esforzado por todos los medios en destruir desde sus cimientos (así lo proclama abiertamente) la civilización y la religión cristiana, borrando hasta su recuerdo en el corazón de los hombres, especialmente de la juventud. Obispos y sacerdotes desterrados, condenados a trabajos forzados, fusilados, asesinados de modo inhumano; simples seglares, sólo por haber defendido la religión, han sido detenidos por sospechosos, vejados, perseguidos y llevados a prisiones y tribunales.

Horrores del comunismo en España

20. También allí donde, como en nuestra queridísima España, el azote comunista no ha tenido aun tiempo para hacer sentir todos los efectos de sus teorías, se ha desencadenado, en desquite, con la violencia más furibunda. No ha derribado alguna que otra iglesia, algún que otro convento; sino que, siempre que le fue posible, destruyó todas las iglesias, todos los conventos y hasta toda huella de religión cristiana, aunque se tratase de los más insignes monumentos del arte y de la ciencia. El furor comunista no se ha limitado a matar Obispos y millares de sacerdotes, de religiosos y religiosas, escogiendo precisamente a los que con mayor celo se ocupaban de los obreros y de los pobres; sino que ha hecho un número mucho mayor de víctimas entre los seglares de toda clase, que aun ahora son asesinados cada día, en masa, por el mero hecho de ser buenos cristianos, o, al menos contrarios al ateísmo comunista. Destrucción tan espantosa se lleva a cabo con un odio, una barbarie y una ferocidad que no se hubiera creído posible en

nuestro siglo. -Todo hombre de buen juicio, todo hombre de Estado, consciente de su responsabilidad, temblará de horror al pensar que cuanto hoy sucede en España, tal vez pueda repetirse mañana en otras naciones civilizadas.

FRUTOS NATURALES DEL SISTEMA

21. Ni se diga que tales atrocidades son un fenómeno transitorio, que suele acompañar a todas las grandes revoluciones, o excesos aislados de exasperación, comunes a toda guerra; no, son frutos naturales de un sistema falto de todo freno interior. El hombre, individual y socialmente, necesita un freno. Hasta los pueblos bárbaros tuvieron ese freno en la ley natural, esculpida por Dios en el alma de todo hombre. Y cuando esta ley natural fue mejor observada, se vio cómo antiguas naciones se levantaban a una grandeza que deslumbra aún, más de lo que convendría, a ciertos observadores superficiales de la historia humana. Pero cuando del corazón de los hombres se arranca hasta la idea misma de Dios, las pasiones desbordadas los empujarán necesariamente a la barbarie más feroz.

Lucha contra todo lo divino

22. Ese es, desgraciadamente, el espectáculo que contemplamos: por

primera vez en la historia, asistimos a una lucha fríamente intentada y arteramente preparada por el hombre contra todo lo que es divino [12]. el comunismo es, por naturaleza, antirreligioso, y considera la religión como el «opio del pueblo» porque los principios religiosos, que hablan de la vida de ultratumba, impiden que el proletario aspire a la conquista del paraíso soviético, que es de este mundo.

El terrorismo

23. Pero no se pisotea impunemente la ley natural, ni al Autor de ella: el comunismo no ha podido ni podrá realizar su ideal, ni siquiera en el campo puramente económico. Es verdad que en Rusia ha contribuido a liberar hombres y cosas de una larga y secular inercia, y a obtener con toda suerte de medios, frecuentemente sin escrúpulos, algún éxito material; pero sabemos por testimonios no sospechosos, algunos muy recientes, que, de hecho, ni en eso siquiera ha obtenido el fin que había prometido; esto, dejando aparte la

esclavitud que el terrorismo ha impuesto a millones de hombres. Aun en el campo económico es necesaria alguna moral, algún sentimiento moral de responsabilidad, para el cual no hay lugar en un sistema puramente materialista, como el comunismo. Para sustituir tal sentimiento, ya no queda sino el terrorismo, como el que ahora vemos en Rusia, donde antiguos camaradas de conspiración y de lucha se destrozan unos a otros; terrorismo que, además, no logra contener, no ya la corrupción de las costumbres, pero tampoco la disolución del organismo social.

Recuerdo paterno de los pueblos oprimidos de Rusia

24. Al hablar así, no queremos en modo alguno condenar en masa a los pueblos de la Unión Soviética, por los que sentimos el más vivo afecto paternal. Sabemos que no pocos de ellos gimen bajo el duro yugo impuesto a la fuerza por hombres en su mayoría extraños a los verdaderos intereses del país, y

reconocemos que otros mucho han sido engañados con falaces esperanzas. Lo que Nos condenamos, es el sistema, sus autores y sus fautores, que han considerado a Rusia como el terreno más apto para poner en práctica una teoría elaborada ya hace decenios, y que desde allí siguen propagando por todo el mundo.

III. OPUESTA Y LUMINOSA DOCTRINA DE LA IGLESIA

25. Expuestos ya los errores y los medios violentos y engañosos del comunismo bolchevique y ateo, es hora ya, Venerables Hermanos, de oponerles brevemente la verdadera noción de la *Cívitas humána*, de la Sociedad humana, cual –por medio de la Iglesia, *Magístra géntium*– nos la enseñan la razón y la revelación, y tal cual vosotros ya la conocéis.

Dios, la suprema realidad

26. Por encima de toda otra realidad está el sumo, único, supremo Ser, Dios, Creador omnipotente de todas las cosas, Juez infinitamente sabio y justo de todos los hombres. Esta suprema realidad, Dios, es la condenación más absoluta de las desvergonzadas mentiras del comunismo. Y no es que Dios exista, porque así los hombres lo creen; sino porque Él existe, creen en Él y elevan a Él sus súplicas cuantos no cierran voluntariamente los ojos ante la verdad.

El hombre y la familia según la razón y la fe

27. Cuanto a lo que la razón y la fe dicen del hombre, Nos lo hemos expuesto en sus puntos fundamentales en la Encíclica sobre la educación cristiana [13]. El hombre tiene un alma espiritual e inmortal; es una persona, adornada admirablemente por el Creador con dones de cuerpo y de espíritu, un verdadero microcosmos (μιχρός χόσμος), como decían los antiguos, esto es, un «pequeño mundo», que excede con mucho en valor a todo el inmenso mundo inanimado. Dios sólo es su último fin, en esta vida y en la otra; la gracia santificante lo eleva al grado de hijo de Dios y lo incorpora al reino de Dios en el cuerpo místico de Cristo. Además, Dios lo ha dotado con múltiples y variadas prerrogativas: derecho a la vida, a la integridad del cuerpo, a los medios necesarios para la existencia; derecho de tender a su último fin por el camino trazado por Dios; derecho de asociación, de propiedad y del uso de la propiedad.

28. Así como el matrimonio y el derecho a su uso natural son de origen divino, así también la constitución y prerrogativas fundamentales de la familia han sido determinadas y fijadas por el Creador mismo, no por voluntad humana ni por factores económicos. De esto hemos hablado largamente en la Encíclica sobre el matrimonio cristiano [14] y en la otra, ya citada, sobre la educación.

LO QUE ES LA SOCIEDAD

Derechos y deberes mutuos entre el hombre y la sociedad

29. Al mismo tiempo Dios destinó también al hombre para vivir en la sociedad civil, exigida por su propia naturaleza. En el plan del Creador, la sociedad es un medio natural que el hombre puede y debe usar para obtener su fin, pues la sociedad humana es para el hombre, y no al contrario. Lo cual no ha de entenderse en el sentido del liberalismo individualista, que subordina la sociedad al uso egoísta del individuo; sino sólo en el sentido de que, por la unión orgánica con la sociedad, se haga posible a todos, mediante la mutua colaboración, la realización de la verdadera felicidad terrena; además, que en la sociedad se desarrollan todas las cualidades individuales y sociales innatas en la naturaleza humana, las cuales, superando el interés inmediato del momento, reflejan en la sociedad la perfección divina, lo cual no puede verificarse en el hombre aislado. Pero

aun esta finalidad dice, en último análisis, relación al hombre, para que, al reconocer éste el reflejo de la perfección divina, lo convierta en alabanza y adoración del Creador. Sólo —y no la colectividad en sí—, sólo el hombre, la persona humana, está dotado de razón y de voluntad moralmente libre.

30. Por lo tanto, así como el hombre no puede sustraerse a los deberes para con la sociedad civil, impuestos por Dios, y así como los representantes de la autoridad tienen el derecho de obligarle a su cumplimiento cuando lo rehúse ilegítimamente, así también la sociedad no puede privar al hombre de los derechos personales que le han sido concedidos por el Creador —antes hemos aludido a los más importantes—, ni hacer, por principio, imposible su uso. Es, pues, conforme a la razón y a sus exigencias, que en último término todas las cosas de la tierra estén ordenadas a la persona humana, para que por su medio hallen el camino hacia el Creador. Y al hombre, a la persona humana, se aplica lo que el Apóstol de las Gentes escribe a los

Corintios sobre el plan divino de la salvación cristiana: «Todo es vuestro, vosotros sois de Cristo, Cristo es de Dios» [15]. Mientras el comunismo empobrece a la persona humana, invirtiendo el orden en las relaciones del hombre y de la sociedad, ¡ved las alturas a que la razón y la revelación elevan a aquélla!

El orden económico-social

31. Los principios directivos del orden económico-social fueron expuestos en la Encíclica social de León XIII sobre la cuestión obrera [16], y, adaptados a las exigencias de los tiempos presentes, en nuestra Encíclica sobre la restauración del orden social [17]. Además, insistiendo de nuevo en la doctrina secular de la Iglesia sobre el carácter individual y social de la propiedad privada, Nos hemos precisado el derecho y la dignidad del trabajo, las relaciones de apoyo mutuo y de ayuda que deben existir entre los poseedores del capital y los trabajadores, el salario debido en estricta justicia al obrero, para sí y para su familia.

32. En la misma Encíclica demostramos que los medios para salvar al mundo actual de la triste ruina en que el liberalismo amoral lo ha hundido, no consisten ni en la lucha de clases ni en el terror, mucho menos aún en el abuso autocrático del poder estatal, sino en la penetración de la justicia social y del sentimiento de la caridad cristiana en el orden económico y social. Demostramos cómo debe restaurarse la verdadera prosperidad según los principios de un sano corporativismo que respete la debida jerarquía social, y cómo todas las corporaciones deben unirse en unidad armónica, inspiradas en el principio del bien común de la sociedad. La misión más genuina y principal del poder público y civil consiste en promover eficazmente la armonía y la coordinación de todas las fuerzas sociales.

Jerarquía social y prerrogativas del Estado

33. Para asegurar esta colaboración orgánica y llegar a la tranquilidad, la doctrina católica reivindica para el

Estado la dignidad y autoridad de defensor vigilante y previsor de los derechos divinos y humanos, sobre los que la Sagrada Escritura y los Padres de la Iglesia insisten con tanta frecuencia. No es verdad que todos tengan derechos iguales en la sociedad civil, y que no exista jerarquía legítima. Bástenos recordar las Encíclicas de León XIII, antes citadas, especialmente las relativas al poder del Estado [18] y a la constitución cristiana del Estado [19]. En ellas encuentra el católico luminosamente expuestos los principios de la razón y de la fe, que le harán capaz de defenderse contra los errores y los peligros de la concepción estatal comunista. La expoliación de los derechos y la esclavización del hombre, la negación del origen trascendente y primigenio del Estado y del poder estatal, el horrible abuso del poder público al servicio del terrorismo colectivista, son precisamente todo lo contrario de lo que exigen la ética natural y la voluntad del Creador. Tanto la persona humana como la sociedad civil tienen su origen en el Creador, que las ha ordenado mutuamente la una para la otra; por consiguiente, ninguna de las dos puede eximirse de los deberes correlativos, ni negar o disminuir sus derechos. El Creador mismo ha regulado esta mutua relación en sus líneas fundamentales, y es una injusta usurpación la que se arroga el comunismo al imponer, en lugar de la ley divina, basada en los inmutables principios de la verdad y de la caridad, un programa político de partido, que dimana del arbitrio humano y está lleno de odio.

BELLEZA DE ESTA DOCTRINA DE LA IGLESIA

34. La Iglesia, al enseñar esta luminosa doctrina, no tiene otra mira que la de realizar el feliz anuncio cantado por los ángeles sobre la gruta de Belén al nacer el Redentor: «Gloria a Dios... y... paz a los hombres...» [20]; paz verdadera y verdadera felicidad, aun aquí abajo, en cuanto es posible, con miras y preparación a la felicidad eterna; pero paz reservada a los hombres de buena voluntad. Esta doctrina se aparta tanto de los errores extremos como de las exageraciones de los partidos políticos y de sus teorías y métodos; y aquélla se mantiene siempre en el equilibrio de la verdad y de la justicia; equilibrio que reivindica en la teoría, aplica y promueve en la práctica, al conciliar los derechos y los deberes de los unos con los de los otros, como la autoridad con la libertad, la dignidad del individuo con la del Estado, la personalidad humana en el súbdito con la representación divina en el superior y, por lo tanto, la sumisión debida, y el amor ordenado de sí y de la

familia y de la patria, con el amor de las demás familias y pueblos, fundado en el amor de Dios, Padre de todos, primer principio y último fin. La justa preocupación de los bienes temporales no separa de la solicitud por los eternos. Si subordina los primeros a los segundos, según la palabra de su divino Fundador: «Buscad primero el reino de Dios y su justicia, y todo lo demás se os dará por añadidura» [21], está, sin embargo, muy lejos de desinteresarse de las cosas humanas y de impedir el progreso y las ventajas materiales de la sociedad, antes bien las ayuda y las promueve del modo más razonables y eficaz. Así, en el terreno económico y social, aunque jamás haya presentado la Iglesia un determinado sistema técnico, por no ser de su incumbencia, sin embargo, ha fijado claramente los principios y las normas que, aun admitiendo de hecho las más diversas aplicaciones concretas según las varias condiciones de tiempos, lugares y pueblos, indican el camino seguro para obtener el feliz progreso de la sociedad.

35. La sabiduría y suma utilidad de esa doctrina está admitida por cuantos verdaderamente la conocen. Con razón pudieron afirmar insignes estadistas que, después de haber estudiado los diversos sistemas sociales, no habían hallado nada más sabio que los principios expuestos en las encíclicas *Rerum novarum* y *Quadragesimo anno*. También en países no católicos, más aún, ni siquiera cristianos, se reconoce cuán útiles son para la sociedad humana las doctrinas sociales de la Iglesia; así, apenas hace un mes, un eminente político, no cristiano, del Extremo Oriente, no dudó en proclamar que la Iglesia con su doctrina de paz y de fraternidad cristiana aporta una contribución preciosa al establecimiento y mantenimiento tan laborioso de la paz constructiva entre las naciones. Hasta los mismos comunistas, según sabemos por relaciones fidedignas que de todas partes afluyen a este Centro de la cristiandad, si no están del todo corrompidos, cuando se les expone la doctrina social de la Iglesia, reconocen su superioridad sobre las doctrinas de sus

jefes y maestros. Sólo los cegados por la pasión y por el odio cierran sus ojos a la luz de la verdad y la combaten obstinadamente.

La Iglesia ha obrado conforme a esta doctrina

36. Pero los enemigos de la Iglesia, aunque obligados a reconocer la sabiduría de su doctrina, acusan a la Iglesia de no haber sabido obrar en conformidad con sus principios, y por ello afirman que hay que buscar otros caminos. Toda la historia del Cristianismo demuestra la falsedad e injusticia de esta acusación. Nos referimos sólo, ahora, a algunos hechos característicos: el Cristianismo fue el primero en proclamar, en una forma, amplitud y convicción desconocidas en los siglos precedentes, la verdadera y universal fraternidad de todos los hombres de cualquier condición y estirpe; así contribuyó poderosamente a la abolición de la esclavitud, no con revoluciones sangrientas, sino por la fuerza interna de su doctrina, que a la

soberbia patricia romana le hacía ver en su esclava una hermana suya en Cristo. Fue el Cristianismo, que adora al Hijo de Dios hecho hombre por amor de los hombres y convertido en Hijo del Artesano, más aún, Artesano también Él mismo [22], fue el Cristianismo el que elevó el trabajo manual a su verdadera dignidad; aquel trabajo manual, antes tan despreciado que hasta el probo Marco Tulio Cicerón, resumiendo la opinión general de su tiempo, no vaciló en escribir estas palabras, de las que hoy se avergonzaría todo sociólogo: «Todos los artesanos se ocupan en oficios despreciables, puesto que en el taller no puede haber nada de noble» [23].

37. Fiel a estos principios, la Iglesia ha regenerado a la sociedad humana; bajo su influencia surgieron admirables obras de caridad, potentes gremios de artesanos y trabajadores de toda categoría, despreciados como algo medieval por el liberalismo del siglo pasado, pero que hoy son admiración de nuestros contemporáneos, que en muchos países tratan de restablecer siquiera en

su idea fundamental. Y cuando otras corrientes ponían obstáculos a la obra e impedían el influjo saludable de la Iglesia, ésta, siempre y hasta nuestros días, continuó amonestando a los extraviados. Baste recordar con qué firmeza, energía y constancia Nuestro predecesor León XIII reivindicó para el obrero el derecho de asociación que el liberalismo, dominante en los Estados más o menos poderosos, se empeñaba en negarle. Y este influjo de la doctrina de la Iglesia es, aun en estos tiempos, más grande de lo que parece, porque grande y cierto, aunque invisible y difícil de calcular, es el predominio de las ideas sobre los hechos.

38. Se puede decir, en verdad, que la Iglesia, a semejanza de Cristo, pasa a través de los siglos haciendo bien a todos. No habría ni socialismo ni comunismo, si quienes gobiernan los pueblos no hubieran despreciado las enseñanzas y las maternales advertencias de la Iglesia; pero ellos han preferido construir sobre las bases del liberalismo y del laicismo otras construcciones sociales, que

parecían a primera vista potentes y grandiosas, pero que muy pronto se ha visto cómo carecían de sólidos fundamentos; por lo que una tras otra se van derrumbando miserablemente, como tiene que derrumbarse todo cuanto no se apoya sobre la única piedra angular que es Jesucristo.

IV. RECURSOS Y MEDIOS

Necesidad de recurrir a medios de defensa

39. Tal es, Venerables Hermanos, la doctrina de la Iglesia, la única que, como en todos los demás campos, también en el terreno social puede traer verdadera luz y ser la salvación frente a la ideología comunista. Pero es preciso que esta doctrina se realice cada vez más en la práctica de la vida, conforme al aviso del apóstol Santiago: «Sed... obradores de la palabra, y no tan sólo oidores, engañándoos a vosotros mismos» [24]; por esto, lo que más urge al presente es aplicar con energía los oportunos remedios para oponerse eficazmente a la amenazadora revolución que se está preparando. Tenemos la firme confianza de que al menos la pasión, con que los hijos de las tinieblas trabajan día y noche en su propaganda materialista y atea, servirá para estimular santamente a los hijos de la luz a un celo no desigual, y aun mayor, por honor de la Majestad divina.

40. ¿Qué, pues, hacer? ¿Qué remedios emplear para defender a Cristo y la civilización cristiana contra ese tan pernicioso enemigo? Como un padre en el seno de la familia, quisiéramos Nos conversar, por decirlo así, en la intimidad, sobre los deberes que la gran lucha de nuestros días impone a todos los hijos de la Iglesia, dirigiendo también Nuestra paternal admonición aun a aquellos hijos que se han alejado de ella.

RENOVACIÓN DE LA VIDA CRISTIANA

Remedio fundamental

41. Como en los periodos más borrascosos de la historia de la Iglesia, así hoy todavía el remedio fundamental está en una sincera renovación de la vida privada y pública, según los principios del Evangelio, en todos aquellos que se glorían de pertenecer al redil de Cristo, para que sean verdaderamente la sal de la tierra que preserva a la sociedad humana de una corrupción total.

42. Con ánimo profundamente agradecido al Padre de las luces, de quien desciende toda dádiva buena y todo don perfecto [25], vemos en todas partes signos consoladores de esta renovación espiritual, no sólo en tantas almas singularmente elegidas que en estos últimos años se han alzado hasta la cumbre de la más sublime santidad, y en tantas otras, cada vez más numerosas, que generosamente caminan hacia la misma luminosa meta, sino también en

una piedad sentida y vivida que vuelve a florecer en todas las clases de la sociedad, aun en las más cultas, como lo hemos hecho notar en Nuestro reciente "Motu proprio" *In multis soláciis*, del 28 de octubre pasado, con ocasión de la reorganización de la Academia Pontificia de Ciencias [26].

43. Pero no podemos negar que aun queda mucho por hacer en este camino de la renovación espiritual. Aun en países católicos, son demasiados los que son católicos casi sólo de nombre; demasiados los que, aun observando más o menos fielmente las prácticas más esenciales de la religión que se glorían de profesar, no se preocupan de conocerla mejor ni de adquirir una convicción más íntima y profunda, y menos aún de hacer que al barniz exterior corresponda el interno esplendor de una conciencia recta y pura, que comprenda y cumpla todos sus deberes bajo la mirada de Dios. Sabemos cuánto aborrece el Divino Salvador esta vana y falaz exterioridad, Él, que quería que todos adorasen al Padre en espíritu y verdad [27]. Quien no

vive verdadera y sinceramente según la fe que profesa, no podrá sostenerse mucho tiempo hoy, cuando tan fuerte sopla el viento de la lucha y de la persecución, sino que será arrastrado miserablemente por este nuevo diluvio que amenaza al mundo; y así, mientras se labra su propia ruina, expondrá también a ludibrio el nombre de cristiano.

Desapego de los bienes terrenos

44. Y aquí queremos, Venerables Hermanos, insistir más particularmente sobre dos enseñanzas del Señor, que tienen especial conexión con las actuales condiciones del género humano: el desprendimiento de los bienes terrenos y el precepto de la caridad. Bienaventurados los pobres de espíritu, fueron las primeras palabras que salieron de los labios del Divino Maestro en su sermón de la montaña [28]. Y esta lección es más necesaria que nunca en estos tiempos de materialismo sediento de bienes y placeres de esta tierra. Todos los cristianos, ricos y pobres, deben tener

siempre fija la mirada en el cielo, recordando que «no tenemos aquí ciudad permanente sino que vamos tras de la futura» [29]. Los ricos no deben poner su felicidad en las cosas de la tierra, ni enderezar sus mejores esfuerzos a conseguirlas, sino que, considerándose sólo como administradores que saben cómo han de dar cuenta al supremo Dueño, se sirvan de ellas como de preciosos medios que Dios les otorga para hacer el bien; y no dejen de distribuir a los pobres lo superfluo, según el precepto evangélico [30]. De lo contrario, se verificará en ellos y en sus riquezas la severa sentencia de Santiago apóstol: «Ea, pues, ricos, llorad, levantad el grito en vista de las desdichas que han de sobreveniros. Podridos están vuestros bienes, y vuestras ropas han sido roídas por la polilla. El oro y la plata vuestra se han enmohecido; y el orín de estos metales dará testimonio contra vosotros, y devorará vuestras carnes como un fuego. Os habéis atesorado ira para los últimos días» [31].

45. Pero también los pobres, a su vez,

aunque se esfuercen, según las leyes de la caridad y de la justicia, por proveerse de lo necesario y aun por mejorar de condición, deben también permanecer siempre pobres de espíritu [32], estimando más los bienes espirituales que los bienes y goces terrenos. Recuerden, además, que nunca se conseguirá hacer desaparecer del mundo las miserias, los dolores, las tribulaciones a que están sujetos también los que exteriormente aparecen muy felices. Todos, pues, necesitan la paciencia, esa paciencia cristiana con que se eleva el corazón hacia las divinas promesas de una felicidad eterna. «Pero vosotros, hermanos míos -diremos también con Santiago-, tened paciencia hasta la venida del Señor. Mirad cómo el labrador, con la esperanza de recoger el precioso fruto de la tierra, aguarda con paciencia la lluvia temprana y la tardía. Esperad también vosotros con paciencia y reanimad vuestros corazones, porque la venida del Señor está cerca» [33]. Sólo así se cumplirá la consoladora promesa del Señor: Bienaventurados los pobres. Y no es éste un consuelo y una promesa vana, como son las promesas de los comunistas, sino que son palabras de vida, que encierran una realidad suprema, palabras que se verifican plenamente aquí en la tierra y después en la eternidad. Muchos son, de hecho, los pobres que en estas palabras y en la esperanza del reino de los cielos – proclamado ya propiedad suya, «porque es vuestro el reino de Dios» [34]– hallan una felicidad que tantos ricos no encuentran en sus riquezas, siempre inquietos al estar atormentados porque desean tener aun más.

Caridad cristiana

46. Todavía más importante para remediar el mal de que tratamos, o, por lo menos, más directamente ordenado a curarlo, es el precepto de la caridad. Nos referimos a esa caridad cristiana, paciente y benigna [35], que evita toda apariencia de protección humillante y toda ostentación: esa caridad que desde los comienzos del Cristianismo ganó para Cristo a los más pobres entre los pobres, los esclavos: y damos las gracias a todos

cuantos, en las obras de beneficencia, desde las Conferencias de San Vicente de Paul hasta las grandes y recientes organizaciones de asistencia social, han ejercitado y ejercitan las obras de misericordia corporal y espiritual. Cuanto más experimenten en sí mismos los obreros y los pobres lo que el espíritu de amor, animado por la virtud de Cristo, hace por ellos, tanto más se despojarán del prejuicio de que el Cristianismo ha perdido su eficacia y que la Iglesia está de parte de quienes explotan su trabajo.

47. Pero cuando vemos, por un lado, una muchedumbre de indigentes que, por causas ajenas a su voluntad, están realmente oprimidos por la miseria; y por otro lado, junto a ellos, tantos que se divierten inconsideradamente y gastan enormes sumas en cosas inútiles, no podemos menos de reconocer con dolor que no sólo no es bien observada la justicia, sino que tampoco se ha profundizado lo suficiente en el precepto de la caridad cristiana, ni se vive conforme a él en la práctica cotidiana. Deseamos, pues, Venerables Hermanos,

que sea más y más explicado, de palabra
y por escrito, este divino precepto,
precioso distintivo dejado por Cristo a
sus verdaderos discípulos; este precepto
que nos enseña a ver, en los que sufren, a
Jesús mismo y nos obliga a amar a
nuestros hermanos como el divino
Salvador nos ha amado, es decir, hasta el
sacrificio de nosotros mismos, y, si es
necesario, aun de la propia vida. Mediten
todos a menudo aquellas palabras,
consoladoras por una parte, pero
terribles por otra, de la sentencia final
que el Juez Supremo pronunciará en el
día del juicio final: «Venid, benditos de mi
Padre... porque tuve hambre y me disteis
de comer; tuve sed y me disteis de
beber... En verdad os digo: siempre que
lo hicisteis con alguno de estos mis más
pequeños hermanos, conmigo lo hicisteis»
[36]. Y por lo contrario: «Apartaos de Mí,
malditos, al fuego eterno... porque tuve
hambre y no me disteis de comer; tuve
sed y no me disteis de beber... En verdad
os digo: siempre que dejasteis de hacerlo
con alguno de estos mis pequeños
hermanos, dejasteis de hacerlo conmigo»
[37].

48. Para merecer, pues, la vida eterna y para poder socorrer eficazmente a los necesitados, es necesario volver a un vida más modesta; renunciar a los placeres, muchas veces hasta pecaminosos, que el mundo ofrece hoy en tanta abundancia; y, finalmente, olvidarse de sí mismo por el amor del prójimo. Hay una divina fuerza regeneradora en este precepto nuevo, como lo llamaba Jesús, de la caridad cristiana [38], cuya fiel observancia, al infundir en los corazones una paz interna que no conoce el mundo, remediará eficazmente los males que afligen a la humanidad.

Deberes de estricta justicia

49. Pero la caridad nunca será verdadera caridad si no tiene siempre en cuenta la justicia. El Apóstol enseña que «quien ama al prójimo, ha cumplido la ley»; y da la razón: «porque el "No fornicar", "No matar", "No robar"... y cualquier otro mandato, se resumen en esta fórmula: "Amarás a tu prójimo como a ti mismo"» [39]. Si, pues, según el Apóstol, todos los deberes se reducen al único precepto de

impone también deberes a los que ni patronos ni obreros se pueden sustraer. Y precisamente es propio de la justicia social el exigir de los individuos todo cuanto es necesario al bien común. Pero así como en el organismo viviente no se provee al todo si no se da a cada parte y a cada miembro cuanto necesitan para ejercer sus funciones, así tampoco se puede proveer al organismo social y al bien de toda la sociedad si no se da a cada parte y a cada miembro, es decir, a los hombres dotados de la dignidad de persona, cuanto necesitan para cumplir sus funciones sociales. La realización de la justicia social dará como fruto una intensa actividad de toda la vida económica desarrollada en la tranquilidad y en el orden, y se pondrá así de relieve la salud del cuerpo social, del mismo modo que la salud del cuerpo humano se reconoce en la actividad armónica, al mismo tiempo que plena y fructuosa, de todo el organismo.

52. Pero no se puede decir que se haya satisfecho a la justicia social si los obreros no tienen asegurado su propio

sustento y el de sus familias con un salario proporcionado a este fin; si no se les facilita la ocasión de adquirir alguna modesta fortuna, previniendo así la plaga del pauperismo universal; si no se toman precauciones en su favor, con seguros públicos y privados para el tiempo de vejez, de enfermedad o de paro. En una palabra, para repetir lo que dijimos en Nuestra encíclica *Quadragésimo anno*: «La economía social quedará sólidamente constituida y alcanzará sus fines sólo cuando a todos y a cada uno de los socios se les provea de todos los bienes que las riquezas y subsidios naturales, la técnica y la constitución social del hecho económico puedan ofrecer. Esos bienes deben ser tan suficientemente abundantes que satisfagan las necesidades y comodidades honestas, y eleven a los hombres a aquella condición de vida más feliz que, administrada prudentemente, no sólo no impide la virtud, sino que la favorece en gran manera» [40].

53. Además, si, como sucede, con frecuencia cada vez mayor, en el

salariado, la justicia no puede ser practicada por los particulares, sino a condición de que todos convengan en practicarla conjuntamente mediante instituciones que unan entre sí a los patronos, para evitar entre ellos una concurrencia incompatible con la justicia debida a los trabajadores, el deber de los empresarios y patronos es el sostener y promover estas instituciones necesarias, que son el medio normal para poder cumplir los deberes de justicia. Pero también los trabajadores deben acordarse de sus obligaciones de caridad y de justicia para con los patronos: estén persuadidos de que así pondrán mejor a salvo sus propios intereses.

54. Si se considera, pues, el conjunto de la vida económica -como lo notamos ya en Nuestra encíclica *Quadragésimo anno*-, no se conseguirá que en las relaciones económico-sociales reine la mutua colaboración de la justicia y de la caridad sino por medio de un conjunto de instituciones profesionales e interprofesionales que, fundadas sobre bases sólidamente cristianas y unidas

entre sí, constituyan, bajo diversas formas adaptadas a lugares y circunstancias, lo que se llamaba la Corporación.

Estudio y difusión de la Doctrina Social de la Iglesia

55. Para dar a esta acción social una eficacia mayor, es muy necesario promover el estudio de los problemas sociales a la luz de la doctrina de la Iglesia misma. Si el modo de proceder de algunos católicos ha dejado que desear en el campo económico-social, con frecuencia ello se debe a que no han conocido suficientemente ni meditado las enseñanzas de los Sumos Pontífices en la materia. Por esto es sumamente necesario que en todas las clases de la sociedad se promueva una más intensa formación social, correspondiente al diverso grado de cultura intelectual, y se procure con toda solicitud y por todos medios la más amplia difusión de las enseñanzas de la Iglesia aun entre la clase obrera. Ilumínense las mentes con la segura luz de la doctrina católica,

muévanse las voluntades a seguirla y aplicarla como norma de una vida recta, por el cumplimiento concienzudo de los múltiples deberes sociales. Y así se evitará esa incoherencia y discontinuidad en la vida cristiana de la que varias veces Nos hemos lamentado, pues algunos, miembros son aparentemente fieles al cumplimiento de sus deberes religiosos, luego, en el campo del trabajo, o de la industria, o de la profesión, o en el comercio, o en el empleo, por un deplorable desdoblamiento de conciencia, llevan una vida demasiado disconforme con las claras normas de la justicia y de la caridad cristiana, dando así grave escándalo a los débiles y ofreciendo a los malos fácil pretexto para desacreditar a la Iglesia misma.

56. Grandemente puede contribuir a esta renovación la prensa católica. Ella puede y debe, ante todo, procurar dar a conocer cada vez mejor, valiéndose de medios tan variados como atractivos, la doctrina social; informar con exactitud, pero también con la debida extensión, acerca de la actividad de los enemigos, y

describir los medios de lucha que se hayan demostrado ser los más eficaces en las diversas regiones; proponer útiles sugerencias y poner en guardia contra las astucias y engaños con que los comunistas procuran, y ya lo han logrado, atraerse a sí aun a hombres de buena fe.

Precaverse contra las insidias comunistas

57. Sobre este punto insistimos ya en Nuestra Alocución del 12 de mayo del año pasado, pero creemos necesario, Venerables Hermanos, volver a llamar acerca de ello vuestra atención de manera especial. Al principio, el comunismo se mostró cual era en toda su perversidad; pero pronto cayó en la cuenta de que con tal proceder alejaba de si a los pueblos, y por esto ha cambiado de táctica y procura atraerse las muchedumbres con diversos engaños, ocultando sus designios bajo ideas que en sí mismas son buenas y atrayentes. Así, ante el deseo general de paz, los jefes del comunismo fingen ser los más celosos

fautores y propagandistas del movimiento por la paz mundial; pero al mismo tiempo excitan a una lucha de clases que hace correr ríos de sangre, y sintiendo que no tienen garantías internas de paz, recurren a armamentos ilimitados. Así, bajo diversos nombres y sin alusión alguna al comunismo, fundan asociaciones y periódicos que luego no sirven sino para lograr que sus ideas vayan penetrando en medios que de otro modo no les serían fácilmente accesibles; y pérfidamente procuran infiltrarse hasta en asociaciones abiertamente católicas y religiosas. Así, en otras partes, sin renunciar en lo más mínimo a sus perversos principios, invitan a los católicos a colaborar con ellos en el campo llamado humanitario y caritativo, a veces proponiendo cosas completamente conformes al espíritu cristiano y a la doctrina de la Iglesia. En otras partes llevan su hipocresía hasta hacer creer que el comunismo en los países de mayor fe o de mayor cultura tomará un aspecto más suave, y no impedirá el culto religioso y respetará la libertad de conciencia. Y hasta hay quienes, refiriéndose a ciertos cambios introducidos recientemente en la legislación soviética, deducen que el comunismo está ya para abandonar su programa de lucha contra Dios.

58. Procurad, Venerables Hermanos, que los fieles no se dejen engañar. El comunismo es intrínsecamente perverso; y no se puede admitir que colaboren con él, en ningún terreno, quienes deseen salvar la civilización cristiana. Y si algunos, inducidos al error, cooperasen a la victoria del comunismo en sus países, serían los primeros en ser víctimas de su ceguera; y cuanto las regiones, donde el comunismo consigue penetrar, más se distingan por la antigüedad y la grandeza de su civilización cristiana, tanto más devastador se manifestará allí el odio de los sin Dios.

Oración y Penitencia

59. Pero «si el Señor no guardare la ciudad, en vano vigila el centinela» [41]. Por esto, como último y poderosísimo remedio, os recomendamos, Venerables

Hermanos, que en vuestras diócesis promováis e intensifiquéis del modo más eficaz el espíritu de oración, unido a la penitencia cristiana. Cuando los Apóstoles preguntaron al Salvador por qué no habían podido librar del espíritu maligno a un endemoniado, les respondió el Señor: «Tales demonios no se lanzan más que con la oración y el ayuno» [42]. Tampoco podrá ser vencido el mal que hoy atormenta a la humanidad sino con una santa y universal cruzada de oración y de penitencia; y recomendamos singularmente a las Ordenes contemplativas, masculinas y femeninas, que redoblen sus súplicas y sacrificios para impetrar del cielo una poderosa ayuda a la Iglesia en las luchas presentes, con la poderosa intercesión de la Virgen Inmaculada, la cual, así como un día aplastó la cabeza de la antigua serpiente, así también es hoy segura defensa e invencible Auxilio de los cristianos.

V. MINISTROS Y AUXILIARES DE ESTA OBRA SOCIAL DE LA IGLESIA

Los Sacerdotes

60. Para la obra mundial de salvación que hemos venido describiendo, y para la aplicación de los remedios que quedan brevemente apuntados, los sacerdotes son los que ocupan el primer puesto entre los ministros y obreros evangélicos designados por el divino Rey Jesucristo. A ellos, por vocación especial, bajo la guía de los Sagrados Pastores, y en unión de filial obediencia al Vicario de Cristo en la tierra, se les ha confiado el cargo de tener encendida en el mundo la antorcha de la fe y de infundir en los fieles aquella confianza sobrenatural con que la Iglesia, en nombre de Cristo, ha combatido y vencido tantas otras batallas. «Esta es la victoria que vence al mundo, nuestra fe» [43].

61. De modo particular recordamos a los sacerdotes la exhortación tantas veces repetida por Nuestro Predecesor León

XIII de ir al obrero; exhortación que Nos hacemos Nuestra, completándola: «Id al obrero, especialmente al obrero pobre; más aún, en general, id a los pobres», siguiendo en esto las enseñanzas de Jesús y de su Iglesia. Los pobres, en efecto, son los que están más expuestos a las insidias de los agitadores, que explotan su desgraciada condición para encender la envidia contra los ricos y excitarles a tomar por la fuerza lo que les parece que la fortuna les ha negado injustamente; y si el sacerdote no va a los obreros y a los pobres, para prevenirles o para desengañarlos de los prejuicios y falsas teorías, se convertirán en fácil presa de los apóstoles del comunismo.

62. No podemos negar que se ha hecho ya mucho en este sentido, especialmente después de las encíclicas *Rerum novárum* y *Quadragésimo anno*; y saludamos con paterna complacencia el industrioso celo pastoral de tantos Obispos y sacerdotes que, con las debidas prudentes cautelas, inventan o prueban nuevos métodos de apostolado adaptados a las exigencias modernas. Pero todo esto

es aún demasiado poco para las exigencias de la hora presente. Así como cuando la patria está en peligro, todo lo que no es estrictamente necesario o no está directamente ordenado a la urgente necesidad de la defensa común pasa a segunda línea, así también en nuestro caso, toda otra obra, por muy hermosa y buena que sea, debe ceder el puesto a la vital necesidad de salvar las bases mismas de la fe y de la civilización cristiana. Por consiguiente, los sacerdotes en sus parroquias, dedicándose, naturalmente, cuanto sea necesario, al cuidado ordinario de los fieles, reserven la mejor y la mayor parte de sus fuerzas y de su actividad a fin de volver a ganar las masas trabajadoras para Cristo y su Iglesia, hacer penetrar el espíritu cristiano en los medios que le son más ajenos. En las masas populares hallarán una inesperada correspondencia y abundancia de frutos que les compensarán del duro trabajo de la primera roturación, como lo hemos visto y lo vemos en Roma y en muchas otras grandes ciudades, donde en las nuevas iglesias que van surgiendo en los barrios periféricos, se ven formarse celosas comunidades parroquiales y se operan verdaderos milagros de conversión entre muchedumbres antes hostiles a la religión, sólo porque no la conocían.

63. Pero el medio más eficaz de apostolado entre las muchedumbres de los pobres y de los humildes es el ejemplo del sacerdote, el ejemplo de todas las virtudes sacerdotales, tal como las hemos descrito en Nuestra encíclica *Ad Cathólici sacerdótii* [44]; mas, en el presente caso, de un modo especial es necesario un luminoso ejemplo de vida humilde, pobre, desinteresada, imitando al Divino Maestro, que podía proclamar con divina franqueza: «Las raposas tienen madrigueras y las aves del cielo nido, mas el Hijo del hombre no tiene sobre donde reclinar la cabeza» [45]. Un sacerdote verdadera y evangélicamente pobre y desinteresado hace milagros de bien en medio del pueblo, como un Vicente de Paúl, un cura de Ars, un Cottolengo, un Don Bosco y tantos otros; pero un sacerdote avaro e interesado, como lo hemos recordado en la ya citada

Encíclica, aunque no caiga como Judas, en el abismo de la traición, será por lo menos «un vano bronce que resuena y un inútil címbalo que retiñe» [46] y, demasiadas veces, un estorbo más que un instrumento de la gracia, en medio del pueblo. Y si el sacerdote secular o regular tiene que administrar bienes temporales por deber de oficio, recuerde que no sólo ha de observar escrupulosamente cuanto prescriben la caridad y la justicia, sino que de manera especial debe mostrarse verdadero padre de los pobres.

La Acción Católica

64. Después de este llamamiento al Clero, dirigimos Nuestra paternal invitación a Nuestros queridísimos hijos seglares que militan en las filas de la Acción Católica, que Nos es tan cara y que, como declaramos en otra ocasión (Discurso del 12 de Mayo de 1936; A.A.S. 29, 139-144.), es una ayuda particularmente providencial a la obra de la Iglesia en estas circunstancias tan difíciles. En efecto, la Acción Católica es también apostolado social en cuanto

tiende a difundir el reino de Jesucristo, no sólo en los individuos, sino también en las familias y en la sociedad. Por esto debe, ante todo, atender a formar con cuidado especial a sus miembros y a prepararlos para las santas batallas del Señor. Para este trabajo formativo, urgente y necesario como nunca, y que debe preceder siempre a la acción directa y efectiva, servirán ciertamente los círculos de estudio, las semanas sociales, los cursos sistematizados de conferencias y todas las demás iniciativas aptas para dar a conocer la solución cristiana de los problemas sociales.

65. Los que militan en la Acción Católica, tan bien preparados y adiestrados, serán los primeros e inmediatos apóstoles de sus compañeros de trabajo y los preciosos auxiliares del sacerdote para llevar la luz de la verdad y para aliviar las graves miserias materiales y espirituales en innumerables zonas que se han hecho refractarias a toda acción de los ministros de Dios por inveterados prejuicios contra el clero o una deplorable apatía religiosa. Así es como, bajo la guía

de sacerdotes particularmente expertos, se cooperará a esa asistencia religiosa a las clases trabajadoras, que tanto Nos preocupa, porque es el medio más apto para preservar a esos amados hijos Nuestros de la insidia comunista.

66. Además de este apostolado individual, muchas veces silencioso, pero utilísimo y eficaz, es también propio de la Acción Católica difundir ampliamente por medio de la propaganda oral y escrita los principios fundamentales que han de servir a la construcción de un orden social cristiano, como se desprende de los documentos pontificios.

Organizaciones auxiliares

67. Alrededor de la Acción Católica se alinean las organizaciones que muchas veces hemos recomendado como auxiliares de la misma. A estas organizaciones tan útiles las exhortamos con paternal afecto a que se consagren a la gran misión de que tratamos, porque actualmente supera a todas las demás por su vital importancia.

Organizaciones profesionales de clase

68. Nos pensamos también en las organizaciones profesionales de obreros, de agricultores, de ingenieros, de médicos, de patronos, intelectuales, y otras semejantes: hombres y mujeres, que viven en las mismas condiciones culturales y a quienes la naturaleza misma reúne en agrupaciones homogéneas. Precisamente estos grupos y estas organizaciones están destinados a introducir en la sociedad aquel orden que tuvimos presente en Nuestra encíclica *Quadragésimo anno*, y a difundir así el reconocimiento de la realeza de Cristo en los diversos campos de la cultura y del trabajo.

69. Y si por haberse transformado las condiciones de la vida económica y social, el Estado se ha creído en el deber de intervenir hasta el punto de asistir y regular directamente tales instituciones con peculiares disposiciones legislativas, salvo el respeto debido a la libertad y a las iniciativas privadas, ni aun en esas circunstancias puede la Acción Católica

apartarse de la realidad. Con prudencia deberá prestar su contribución de pensamiento, estudiando los nuevos problemas a la luz de la doctrina católica, y la contribución de su actividad por la participación leal y generosa de sus socios en las nuevas formas e instituciones, llevando a ellas el espíritu cristiano, que es siempre principio de orden y de mutua y fraternal colaboración.

Llamamiento a los obreros católicos

70. Una palabra especialmente paternal quisiéramos dirigir aquí a Nuestros queridos obreros católicos, jóvenes y adultos, los cuales, tal vez en premio a su fidelidad, a veces heroica en estos tiempos tan difíciles, han recibido una misión muy noble y ardua. Bajo la dirección de sus Obispos y de sus sacerdotes, ellos deben traer de nuevo a la Iglesia y a Dios esas inmensas multitudes de hermanos suyos en el trabajo que, exacerbados por no haber sido comprendidos o tratados con la dignidad a que tenían derecho, se han

alejado de Dios. Demuestren los obreros católicos con su ejemplo, con sus palabras, a estos hermanos extraviados que la Iglesia es una tierna madre para todos los que trabajan y sufren, y que jamás ha faltado ni faltará a su sagrado deber maternal de defender a sus hijos. Si esta misión que ellos deben cumplir en las minas, en las fábricas, en los talleres, dondequiera que se trabaja, requiere a veces grandes sacrificios, recuerden que el Salvador del mundo ha dado no sólo el ejemplo del trabajo, sino también el del sacrificio.

Necesidad de concordia entre los católicos

71. Finalmente, a todos Nuestros hijos de toda clase social, de toda nación, de toda agrupación religiosa o seglar en la Iglesia, quisiéramos dirigir un nuevo y más apremiante llamamiento a la concordia. Muchas veces Nuestro corazón paternal ha sido afligido por las divisiones, fútiles frecuentemente en sus causas, pero siempre trágicas en sus consecuencias, que hacen enfrentarse

entre sí a los hijos de una misma madre, la Iglesia. Y entonces se ve cómo los fautores de desórdenes, que no son tan numerosos, aprovechándose de tales discordias, las hacen todavía más estridentes y acaban por lanzar a la lucha, unos contra otros, aun a los mismos católicos. Después de los acontecimientos de los últimos meses, debería parecer superflua Nuestra advertencia. Pero la repetimos una vez más para aquellos que no han comprendido o tal vez no quieren comprender. Los que trabajan por aumentar las disensiones entre los católicos toman sobre sí una terrible responsabilidad ante Dios y ante la Iglesia.

Llamamiento a todos los creyentes

72. Pero en esta lucha, empeñada por el poder de las tinieblas contra la idea misma de la Divinidad, queremos Nos esperar que, además de todos los que se glorían del nombre de Cristo, se muestren dispuestos también cuantos creen en Dios y lo adoran, que son aún la

inmensa mayoría de los hombres. Renovamos, por lo tanto, el llamamiento que hace ya cinco años lanzamos en Nuestra encíclica *Caritáte Christi*, a fin de que también ellos concurran leal y cordialmente por su parte para apartar de la humanidad el gran peligro que a todos amenaza. Porque -como decíamos entonces- «el creer en Dios es el fundamento firmísimo de todo orden social y de toda responsabilidad en la tierra, y por esto cuantos no quieren la anarquía y el terror deben con toda energía consagrarse a que los enemigos de la religión no consigan el fin que con tanta claridad han proclamado [47].

DEBERES DEL ESTADO CRISTIANO

Ayudar a la Iglesia

73. Hemos expuesto, Venerables Hermanos, la tarea positiva, de orden doctrinal y práctico a la vez, que la Iglesia asume para sí, en virtud de la misión que Cristo le confió de construir la sociedad cristiana, y, en nuestros tiempos, de combatir y desbaratar los esfuerzos del comunismo; y hemos dirigido un llamamiento a todas y cada una de las clases de la sociedad. A esta misma empresa espiritual de la Iglesia debe el Estado cristiano concurrir positivamente, ayudando en su empeño a la Iglesia con los medios que le son propios; medios exteriores ciertamente, pero que también se refieren no menos, en primer lugar, al bien de las almas.

74. Por esto los Estados pondrán todo cuidado en impedir que la propaganda atea, que destruye todos los fundamentos del orden, haga estragos en sus territorios, porque no podrá haber autoridad sobre la tierra si no se

reconoce la autoridad de la Majestad divina, ni será firme el juramento que no se haga en el nombre de Dios vivo. Repetimos lo que tantas veces y con tanta insistencia hemos dicho, especialmente en Nuestra encíclica *Caritáte Christi*: «Y, efectivamente, ¿cómo puede mantenerse un contrato cualquiera, y qué valor puede tener un tratado, cuando falta toda garantía de conciencia? ¿Y cómo se puede hablar de garantía de conciencia, cuando se ha perdido la fe en Dios, todo temor de Dios? Quitada esta base, cae con ella toda ley moral, y ningún medio hay que pueda impedir la gradual, pero inevitable ruina de los pueblos, de las familias, del Estado, de la misma civilización humana» [48].

Disposiciones exigidas por el bien común

75. Además, el Estado debe emplear todos los medios para crear aquellas condiciones materiales de vida, sin las que no puede subsistir una sociedad ordenada, y para procurar trabajo, especialmente a los padres de familia y a

la juventud. Para este fin, induzca a las clases ricas a que, por la urgente necesidad del bien común, tomen sobre sí aquellas cargas sin las cuales la sociedad humana no puede salvarse ni ellas podrían hallar salvación. Pero las providencias que toma el Estado a este fin deben ser tales que alcancen realmente a quienes de hecho tienen en sus manos los mayores capitales y los aumentan continuamente con grave daño de los demás.

Prudente y sobria administración

76. El Estado mismo, acordándose de sus responsabilidades ante Dios y ante la sociedad, sirva de ejemplo a todos los demás con una prudente y sobria administración. Hoy más que nunca, la gravísima crisis mundial exige que los que dispongan de fondos enormes, fruto del trabajo y del sudor de millones de ciudadanos, tengan siempre ante los ojos únicamente el bien común y procuren promoverlo lo más posible. Que también los funcionarios y todos los empleados del Estado cumplan por obligación de

conciencia sus deberes con fidelidad y desinterés, siguiendo los luminosos ejemplos antiguos y recientes de hombres insignes que, en un trabajo sin descanso, sacrificaron toda su vida por el bien de la patria. Y, finalmente, en las relaciones de los pueblos entre sí, se procure solícitamente que cuanto antes desaparezcan los impedimentos artificiales de la vida económica, nacidos de un sentimiento de desconfianza y de odio, cuando la verdad es que los pueblos de la tierra forman una única familia de Dios.

Libertad de la Iglesia

77. Pero, al mismo tiempo, el Estado tiene que dejar a la Iglesia plena libertad de cumplir su misión divina y espiritual, para contribuir así poderosamente a salvar los pueblos de la terrible tormenta de la hora presente. De todas partes se hace hoy un angustioso llamamiento a las fuerzas morales y espirituales; y con razón, porque el mal que se ha de combatir es, ante todo, considerado en su primera fuente, un mal de naturaleza

espiritual, y de esta fuente es de donde brotan con una lógica infernal todas las monstruosidades del comunismo. Ahora bien: entre las fuerzas morales y religiosas sobresale incontestablemente la Iglesia católica; y por eso, el bien mismo de la humanidad exige que no se pongan impedimentos a su actividad.

78. Obrar de otro modo, y pretender al mismo tiempo alcanzar el fin con medios puramente económicos o políticos, es dejarse arrastrar por un error peligroso. Y cuando se excluye la religión de la escuela, de la educación, de la vida pública, cuando se expone al ludibrio a los representantes del Cristianismo y sus sagrados ritos, ¿no se favorece, por ventura, a aquel materialismo, de donde nace el comunismo? Ni la fuerza, aun mejor organizada, ni los ideales terrenos, por muy grandes y nobles que sean, pueden sofocar un movimiento que tiene sus raíces precisamente en la demasiada estima de los bienes de la tierra.

79. Confiamos que quienes dirigen la suerte de las naciones, por poco que

sientan el peligro extremo que hoy amenaza a los pueblos, entenderán cada vez mejor el supremo deber de no impedir a la Iglesia el cumplimiento de su misión; y ello tanto más cuanto que al cumplirla, mientras atiende a la felicidad eterna del hombre, trabaja inseparablemente por la verdadera felicidad temporal.

Paterno llamamiento a los extraviados

80. No podemos terminar esta Encíclica sin dirigir una palabra a aquellos hijos Nuestros que ya están contagiados, o poco menos, por el mal comunista. Los exhortamos vivamente a que oigan la voz del Padre que los ama, y rogamos al Señor que los ilumine para que abandonen el resbaladizo camino que los lleva a una inmensa y catastrófica ruina, y reconozcan ellos también que el único Salvador es Jesucristo Señor Nuestro, pues «no se ha dado a los hombres otro nombre debajo del cielo por el cual debamos salvarnos» [49].

CONCLUSION

San José, modelo y patrono

81. Y para apresurar la paz de Cristo en el reino de Cristo [50], por todos tan deseada, ponemos la gran acción de la Iglesia católica contra el comunismo ateo mundial bajo la égida del poderoso Protector de la Iglesia, San José. Él pertenece a la clase obrera y él experimentó el peso de la pobreza en sí y en la Sagrada Familia, de la que era jefe solícito y amante; a él le fue confiado el divino Niño, cuando Herodes envió sus sicarios contra Él. Con una vida de absoluta fidelidad en el cumplimiento del deber cotidiano, ha dejado un ejemplo de vida a todos los que tienen que ganar el pan con el trabajo de sus manos, y mereció ser llamado el Justo, ejemplo viviente de la justicia cristiana que debe dominar en la vida social.

82. Levantando la mirada, Nuestra fe ve los nuevos cielos y la nueva tierra de que habla el primer Predecesor Nuestro, San Pedro [51]. Mientras las promesas de los

falsos profetas se resuelven en sangre y lágrimas, brilla con celestial belleza la gran profecía apocalíptica del Redentor del mundo: «He aquí que Yo renuevo todas las cosas» [52].

No Nos resta, Venerables Hermanos, sino elevar las manos paternas y hacer descender sobre vosotros, sobre vuestro clero y pueblo, sobre toda la gran familia católica, la Bendición Apostólica.

Dado en Roma, junto a San Pedro,
en la fiesta de San José,
Patrono de la Iglesia universal,
el 19 de marzo de 1937,
año decimosexto de Nuestro Pontificado.

PÍO PP. XI.

NOTAS

[1] Cf. Génesis 3, 23.

[2] Gálatas 4, 4.

[3] Encíclica *Qui plúribus*, 9 de Noviembre de 1846: *Acta Pii IX* 1, 13. - Cf. *Sýllabus*, § 4: *Acta Sanctæ Sedis* 3, 170.

[4] Encíclica *Quod Apostólici múneris*, 28 de Diciembre de 1878; *Acta Leónis XIII* 1, 170-183; *Acta Sanctæ Sedis* 9, 369-376.

[5] Alocución *Nostis quas*, 18 de Diciembre de 1924: *Acta Apostólicæ Sedis* 16, 494-495.

[6] 8 de Mayo de 1928: *Acta Apostólicæ Sedis* 20, 165-178.

[7] 15 de Mayo de 1931: *Acta Apostólicæ Sedis* 23, 177-228.

[8] 3 de Mayo de 1932: *Acta Apostólicæ Sedis* 24, 177-194.

[9] 29 de Septiembre de 1932: *Acta Apostólicæ Sedis* 24, 321-332.

[10] 3 de Junio de 1933: *Acta Apostólicæ Sedis* 25, 261-274.

[11] Cf. Encíclica *Casti connúbii*, 31 de Diciembre de 1930: *Acta Apostólicæ Sedis* 22, 567.

[12] Cf. 2. Thessalonicénses 2, 4.
[13] Encíclica *Divíni illíus Magístri*, 31 de Diciembre de 1929: *Acta Apostólicæ Sedis* 22, 49-86.
[14] Encíclica *Casti connúbii* 31 de Diciembre de 1930: *Acta Apostólicæ Sedis* 22, 539-582.
[15] 1. Corínthios 3, 22-23.
[16] Encíclica *Rerum novárum*, 15 de Mayo de 1891.
[17] Encíclica *Quadragésimo anno*, 15 de Mayo de 1931.
[18] Encíclica *Diutúrnum illud*, 29 de Junio de 1891.
[19] Encíclica *Immortále Dei*, 1 de Noviembre de 1885.
[20] Lucas 2, 14.
[21] Matthæum 6, 33.
[22] Cf. Matthæum 13, 55; Marcus 6, 3.
[23] Marco Tulio Cicerón, *De officiis* I, 42.
[24] Jacóbus 1, 22.
[25] Ibid. 1, 17.
[26] 28 de Octubre de 1936: *Acta Apostólicæ Sedis* 28 (1936), 421-424.
[27] Joánnes 4, 23.
[28] Matthæum 5, 3.
[29] Hebræos 13, 14.
[30] Cf. Lucas 11, 41.

[31] Jacóbus 5, 1-3.

[32] Matthǽum 5, 3.

[33] Jacóbus 5, 7-8.

[34] Lucas 6, 20.

[35] 1. Corínthios. 13, 4.

[36] Matthǽum 25, 34-40.

[37] Ibid. 41-45.

[38] Joánnes 13, 34.

[39] Romános. 13, 8-9.

[40] Encíclica *Quadragésimo anno*, 15 de Mayo de 1931: *Acta Apostólicæ Sedis* 23, 202.

[41] Psalmus 126, 1.

[42] Matthǽum 17, 20.

[43] I Joánnes 5, 4.

[44] Encíclica *Ad cathólici sacerdóti*, 20 de Diciembre de 1935: *Acta Apostólicæ Sedis* 28 (1936), 5-53.

[45] Matthǽum 8, 20.

[46] 1. Corínthios. 13, 1.

[47] Encíclica *Caritáte Christi*, 3 de Mayo de 1932: *Acta Apostólicæ Sedis* 24, 184.

[48] Ibid. *Acta Apostólicæ Sedis* 24 (1932), 190.

[49] Acta Apostolórum 4, 12.

[50] Cf. Encíclica *Ubi arcáno*, 23 de Diciembre de 1922. *Acta Apostólicæ Sedis* 24, 691.

[51] 2. Petrus 3, 13; cf. Isaías 65, 17; 66, 22; Apocalýpsis 21, 1.
[52] Apocalýpsis 21, 5.

Otras publicaciones de

San Lino Libros

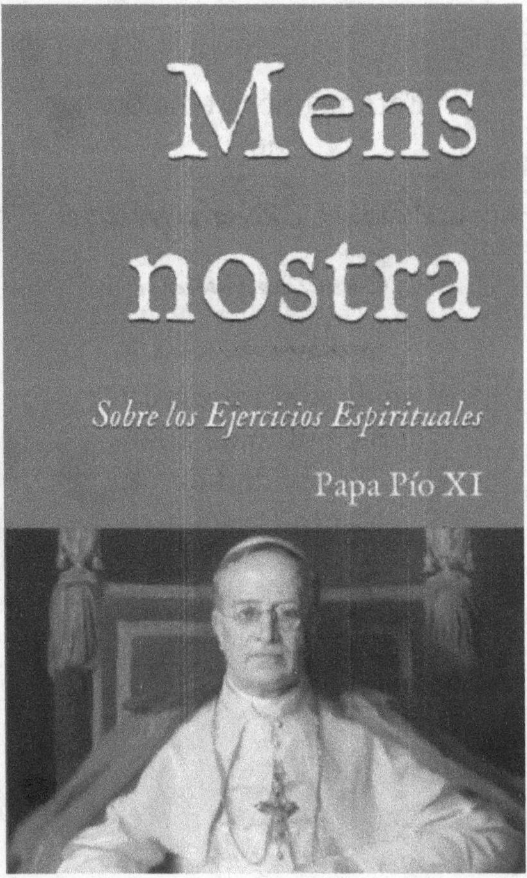

Esta primera edición
de

Divini Redemptoris

Encíclica contra el

comunismo ateo

se da a la imprenta
el 8 de julio de 2023,
festividad de
Santa Priscila.

LAUS DEO